AF509603

ESCRIME-POINTE.

ESCRIME-POINTE.

NOUVELLE THÉORIE

DÉDIÉE

A L'ARMÉE,

SUR LE

MANIEMENT DE L'ÉPÉE,

PAR

M. ROBAGLIA,

Lieutenant au 44ᵉ Régiment de Ligne.

METZ,

Imprimerie, Librairie et Lithographie militaires
DE JULES VERRONNAIS,
Rue des Jardins, 14.

1855.

TABLE ANALYTIQUE.

AVANT-PROPOS.

Parmi les diverses parties dont se compose le métier des armes, l'escrime seule, au lieu d'avoir comme les autres une instruction spéciale, destinée à développer ses principes et à les enseigner dans les régiments, est restée jusqu'à ce jour sans théorie écrite et usuelle pour les corps de l'armée.

Cela tient, soit à l'aridité ou à l'ennui d'un pareil travail, soit au peu d'importance que l'on semble assez généralement, et sans trop s'en rendre compte, attacher de nos jours à l'art dont ce travail serait l'objet.

En essayant de combler cette lacune, je me suis appliqué, dans un but que l'on comprendra aisément, à trouver un ordre et une méthode qui eussent le plus d'analogie possible avec l'école du soldat et l'escrime à la bayonnette.

Ai-je réussi? — Je l'ignore encore, car malgré le succès obtenu par les essais partiels de ma méthode, je crains que mes moyens ne soient pas à la hauteur de ma bonne volonté et insuffisants devant la tâche que je me suis imposée.

Du reste, en soumettant l'œuvre modeste que j'ai accomplie à l'appréciation des hommes compétents en pareille matière, je me hâte de déclarer qu'elle ne se distingue des traités sur l'escrime déjà connus, que par l'ordre et la clarté que je me suis efforcé d'y introduire, afin d'en rendre l'application simple et facile. L'approbation de mes chefs, si je suis assez heureux pour l'avoir méritée, est la seule récompense que j'ambitionne pour les efforts que j'ai faits en vue d'atteindre un but que je crois utile.

ESCRIME-POINTE.

DÉFINITION DE L'ÉPÉE.

Le *fleuret* (ou l'*épée*) est divisé en deux parties : la *monture* et la *lame* (Planche 1re).

La *monture* se compose de trois parties: le *pommeau*, la *fusée* et la *coquille* ou *lunette* (Pl. 2).

La *lame* est ainsi définie : partie forte ou quadrangulaire, le centre et la pointe ou partie faible (Pl. 2).

Cette composition de la *lame* mérite d'être appréciée, parce qu'elle nous procure l'avantage de connaître la partie de l'épée que l'on doit opposer à la lame de son adversaire.

C'est toujours la partie forte ou quadrangulaire que l'on doit opposer en présentant l'angle de gauche ou de droite en dessous, selon que vous parez en dedans ou en dehors.

La raison en est toute simple, si vous employiez la pointe ou le centre, votre fer dévierait de la position qu'il doit toujours avoir, position dite : *la pointe au corps*.

Puis encore, en opposant une de ces parties, vous laisseriez plus de prise à votre adversaire et aucune ressource pour vous (*voir les avis*).

Les élèves seront divisés par classes, savoir: première, deuxième et troisième, suivant leur degré d'instruction.

RÈGLES GÉNÉRALES

SUR LES DIVERSES POSITIONS.

Avant d'entamer les leçons de la pointe, il est très-nécessaire, pour l'intelligence de cet art, de bien comprendre les diverses positions de la main et les différentes significations en dedans, en dehors, dans les armes, dessus et dessous.

1° On appelle en *dedans* la position de quarte.

On appelle en *dehors* la position de tierce.

Ainsi, vous êtes engagé en *quarte*, lorsque votre fer est à votre droite, contre celui de votre adversaire.

Vous êtes engagé en *tierce*, lorsqu'il est à votre gauche, séparé de la partie droite par la lame de votre adversaire.

2° On appelle *quarte en dedans*, lorsque, étant engagé en quarte, on a les ongles en dessus. Dans cette position, vous attendez votre adversaire.

On appelle *quarte en dehors*, lorsque vous trouvant engagé en tierce, vous avez les ongles en dessus.

3° On appelle *tierce en dedans*, lorsque, étant engagé en quarte, vous avez les ongles en dessous.

On appelle *tierce en dehors*, lorsque, dans l'engagement de l'épée en tierce, vous avez les ongles en dessous. Dans cette position vous attendez que votre adversaire vous attaque.

4° On appelle en *dessus*, lorsque, étant engagé en quarte, vous changez l'épée, c'est-à-dire la placez sur la lame de votre adversaire.

On appelle en *dessous*, lorsque étant engagé en tierce, vous changez l'épée, c'est-à-dire la placez sous la lame de votre adversaire.

En résumant, nous trouvons que le placement des ongles détermine la position de la main et l'engagement de l'épée.

5° L'*engagement* de demi-cercle est une position en dedans, le pommeau à hauteur du menton, les ongles en dessus, la pointe à hauteur du nombril de l'adversaire. Le demi-cercle est toujours raccourci.

6° L'*octave* est un engagement en dehors, dans les mêmes conditions que le demi cercle. En prenant la main de tierce, cette parade remplace la quinte (Pl. 6, fig. 6, 2).

L'octave doit toujours être allongé.

7° La position de *seconde* n'est autre chose que la tierce en dehors, pouvant, par le mouvement de la main, porter un coup, soit dans la partie haute, soit dans la partie basse.

8° La *prime* est la position suivante: la main droite au-dessus de l'œil gauche, les ongles en dessous, la lame le long du front, la pointe un peu inclinée du côté gauche.

En consultant les préliminaires de l'art, on se rendra compte que les mots dedans, dehors, dessus, dessous, dépendent uniquement du placement de l'épée.

Nous parlerons de quarte et tierce allongées ou basses.

Ces positions, pareilles en tout à celles précitées, dépendent en outre du mouvement de l'avant-bras.

Ainsi quarte allongée et tierce allongée, comprennent le froissement.

Le mot froissement exprime le bruit que produit l'angle du fer, lorsque, après avoir opposé une parade simple, soit en tierce, soit en quarte, vous appuyez un peu sur la lame de votre adversaire en allongeant le bras.

Nota. Ces diverses positions et la mise en garde seront démontrées et exécutées sans armes pendant les deux premiers jours.

GARDE.

Le corps d'aplomb et sans raideur, les pieds placés en équerre, le talon droit vis-à-vis et contre le talon gauche, les bras pendant naturellement, les yeux fixés sur la figure de l'adversaire.

Cette position est naturelle et bien comprise par l'exercice dans nos manœuvres ; mais on a dit le talon droit vis-à-vis et contre le talon gauche, parce que, dans le commencement, l'homme éprouve de la difficulté à placer ses pieds en équerre.

Les pieds étant ainsi placés, le corps sera bien effacé, mieux assis et bien disposé à tous les mouvements de l'escrime, ainsi que nous le verrons par la mise en garde.

Mise en garde.

L'homme étant dans cette position et devant tomber en garde, le maître aura soin, avant d'en venir là, de lui placer l'épée dans la main gauche sans que cette main change de place et fera exécuter à la main droite un mouvement de droite à gauche, en arrondissant le bras.

Il lui fera répéter ce mouvement deux ou trois fois. Il lui dira ensuite de saisir l'épée en l'empoignant avec la main droite et de la tirer en laissant glisser la lame dans la main gauche, la pointe restant entre le pouce et le premier doigt. Il quittera la lame de la main gauche et élevera le bras droit de toute sa hauteur (Pl. 3, fig. 1), les ongles en dedans, la garde entre le pouce et le premier doigt, la fusée sous le gras du pouce, les autres doigts joints et fermés sans être serrés ou pouvant agir librement. Il tournera ensuite la main sans raccourcir le bras (Pl. 3, fig. 2), les ongles en dehors, et rapportant la lame en fermant un peu la saignée du bras droit, il placera la pointe entre le pouce et le premier doigt de la main gauche, les trois autres doigts restant un peu ouverts (1).

L'homme étant ainsi placé, élevera son arme des deux mains, les bras un peu ployés, la lame se trouvera alors placée horizontalement au-dessus de la tête, les ongles en dehors, les mains placées parallèlement à la ligne du front prolongée, les doigts de la main gauche allongés et joints (Pl. 4. fig. 1).

L'homme relevant alors son arme de la main droite, la placera presque perpendiculairement à sa poitrine en allongeant un peu le bras droit, de manière que le pommeau se trouve vis-à-vis le téton droit, la pointe à hauteur de l'œil droit de l'adversaire (Pl. 4, fig. 2); il portera en même temps son pied droit en avant, deux fois la longueur de son pied en partant du talon, le poids du corps portant également sur les deux jambes et maintenant la main gauche détachée à quatre pouces du côté gauche de la tête, il ploiera sur les deux jambes et la position de la garde sera exacte

Observations.

1° La distance qui doit exister entre les deux talons étant reconnue être deux fois la longueur du pied de l'homme, il reste à observer que cette distance pourrait être modifiée suivant la conformation du pied, en ayant toujours soin de ne jamais l'exagérer.

2° L'élève prendra la position naturelle toutes les fois qu'il commencera à essuyer la moindre fatigue (sans attendre l'ordre du maître), ce qu'il indiquera en posant le bouton de l'épée sur la pointe du pied droit.

3° Dès la mise en garde, le maître fera comprendre à l'élève qu'il ne devra engager son épée que de quatre

---

(1). La pointe se trouvant entre le pouce et le premier doigt, la lame tombe mieux que lorsqu'elle est placée sur le dos de la main.

pouces, jamais au-delà, sauf le cas où il existerait une trop grande différence de taille entre les deux tireurs ; le plus petit doit se défier de la longueur du bras de son adversaire.

COUPS DROITS ET DÉGAGEMENTS

COMPRENANT 10 LEÇONS.

La pointe se réduit au coup droit, dans toutes les positions du fer, admises par l'art.

Tous les mouvements de l'épée dépendent uniquement du jeu de la main. Ainsi le pouce et l'index impriment à la pointe seule de l'épée tous les mouvements que vous voulez exécuter.

Dans les changements d'épée, le maître s'appliquera à faire comprendre à l'élève qu'il ne doit pas décrire un arc de cercle, mais qu'il n'a qu'à laisser tomber la pointe dans une direction presque parallèle à celle de son adversaire (Pl. 5, fig. 2. 0), de manière qu'en la relevant, elle rencontre immédiatement la lame de son adversaire, dans le cas où ce dernier voudrait profiter du changement pour porter un coup.

Il faut avoir pour règle générale de toujours riposter après une parade ; c'est ce qu'on appelle parer du tac au tac, excepté dans le cours des leçons lorsque le maître dira de former une parade.

L'application de cette théorie aura lieu de la manière suivante : le maître enseignera à l'élève la leçon du jour, et lorsque ce dernier l'aura bien exécutée, le maître lui passera le masque et le plastron, et de cette manière l'élève fera le maître et ce dernier l'élève, seul moyen reconnu pour obtenir une instruction prompte et solide.

PREMIÈRE LEÇON.

Étant engagé en dedans. — Main de quarte.

Le Maître dit à l'Élève: { Rentrez le poignet—demi-allonge — partez, *ou* tirez droit. Sortez le poignet— demi-allonge —partez.

Observations.

On entend par demi-allonge, le mouvement que l'on fait exécuter à l'élève en lui faisant tendre le jaret gauche, baisser la main gauche le long et à deux pouces de la jambe gauche et en faisant allonger le bras.

Au commandement de partez, porter le pied droit en avant, en élevant un peu la main droite.

On ne saurait trop recommander de lever un peu le poignet en appuyant légèrement à gauche ou à droite, selon la position de quarte ou de tierce. Le maître fera exécuter plusieurs fois ce mouvement en ayant soin de changer l'épée après chaque temps, en dehors ou en tierce, il dira: Sortez le poignet. C'est en partant de cette leçon que l'élève comprendra qu'il n'a qu'un côté à défendre, et le maître pourra le lui faire sentir en filant droit sur lui, toutes les fois qu'il ne sera pas couvert.

DEUXIÈME LEÇON.

Étant engagé en dedans. — Main de quarte.

Le Maître dit à l'Élève: { Passez moi l'épée dessus (*ou* changez l'épée). Je vous passe un dégagement dans les armes, Parez quarte et partez. A ma retraite je force, Dégagez (*ou bien*) Montrez moi l'épée dessus. Je prends tierce, Dégagez.

Même répétition en dehors.

Le Maître sera obligé de répéter plusieurs fois cette leçon à cause de la difficulté qu'éprouvera l'élève à bien parer dans les commencements.

L'instructeur reviendra toujours au coup droit après chaque leçon et terminera en faisant rompre et marcher à l'épée, mais après que l'élève aura exécuté théoriquement et pratiquement sa leçon.

On marche à l'épée en partant du pied droit, on rompt en partant du pied gauche, maintenant toujours la pointe au corps (*voir les avis*).

Avant de passer à la troisième leçon, nous parlerons des coups au dérobé qui ne sont autre chose que des dégagements avec cette différence qu'au lieu de filer droit, vous laissez tomber la pointe de votre épée et parez avec le fort. Ce sont les meilleurs coups de l'escrime après le coup droit et ne connaissent d'autre parade que le demi-cercle.

TROISIÈME LEÇON.

Étant engagé en dedans. — Main de quarte.

Le Maître dit à l'Élève :

Je vous tire un dégagement au dérobé,
Parez demi-cercle et partez.
Je prends octave,
Parez octave et partez.
Je prends quarte (En redressant le fer de l'adversaire ou en montrant la pointe au corps.)
Parez quarte et partez.
Je prends le contre,
Parez le contre de quarte et partez.

Les coups au dérobé ne peuvent pas se répéter en dehors, parce que le côté gauche est effacé.

QUATRIÈME LEÇON.

Étant engagé en dedans. — Main de quarte.

Le Maître dit à l'Élève :

Passez-moi l'épée de tierce (*ou* dessus).
A mon passement d'épée dans les armes,
Parez le contre de tierce et partez.
Je prends tierce,
Dégagez.
Je prends le contre,
Contre-passez (*ou* doublez l'épée).

Même répétition en dehors.

C'EST-A-DIRE :

Le Maître dit à l'Élève :

Engagez l'épée dedans.
A mon passement d'épée dessus,
Parez le contre de quarte.
Je pare quarte,
Dégagez.
Je prends le contre,
Contre-passez ou doublez l'épée.

CINQUIÈME LEÇON.

Étant engagé en dedans. — Main de tierce.

Le Maître dit à l'Élève :

Engagez-moi l'épée dessus.
A mon passement d'épée dans les armes,
Croisez l'épée de seconde, allongez et partez.
A ma retraite,
Montrez l'épée de quarte et partez (en prenant la main de quarte).
Je prends tierce,
Tirez seconde.
Je prends quarte,
Montrez l'épée dessus et partez (*ou bien*)
Dérobez l'épée et tirez.
Je prends demi-cercle et octave,
Prenez demi-cercle, octave et montrez l'épée de quarte et partez (*ou bien*)
Montrez l'épée de quarte et dégagez (*ou bien*)
Montrez l'épée de quarte et marquez une, deux.

2

SIXIÈME LEÇON.

Etant engagé dans les armes. — Main de quarte.

Le Maître dit à l'Élève :
{
Je vous passe un dégagement,
Parez le contre de quarte (*ou bien*)
Formez le contre de quarte.
Je vous tire au dérobé,
Parez demi-cercle.
Je prends demi-cercle et je change l'épée,
Parez octave et partez.
Je vous présente l'épée de quarte,
Parez quarte et partez.
Je dégage,
Parez contre de quarte et partez.
}

SEPTIÈME LEÇON.

Etant engagé dans les armes. — Main de quarte.

Le Maître dit à l'Élève :
{
Je vous tire, une, deux dedans..... ..... { Une, deux étant tout simplement 2 dégagements.
Formez la parade de tierce......... { Au 1er dégagem.
Parez le contre de tierce... . ..... { Au 2e id.
}

HUITIÈME LEÇON.

Etant engagé en dedans. — Main de quarte.

Le Maître dit à l'Élève :
{
Passez-moi l'épée dessus.
A mon passement d'épée dans les armes,
Contre passez et partez (*ou bien*)
Doublez l'épée et dégagez (*ou bien*)
Doublez et dédoublez.
}

NEUVIÈME LEÇON.

Coups de prime.

Etant engagé dans les armes. —Main de quarte.

Le Maître dit à l'Élève :

Filez droit.
Je pare,
Prenez la parade de prime (1) et revenez par un couronnement (Pl. 7, fig. 1), *ou bien*, si l'adversaire pare prime,
Par un coup de seconde.
Je me retire,
Prenez quarte et partez.
Si je reste fendu,
Tirez une, deux (*ou bien*)
Une, deux et dégagez.
Si je dégage,
Prenez le contre de quarte et répétez les coups et parades indiqués dans les leçons précédentes.

---

(1) Cette parade se prend en ramassant en dessous le fer de l'adversaire et en ramenant la lame de manière que le pommeau se trouve à hauteur de l'œil gauche, les ongles en dehors, la pointe de l'adversaire croisant avec la vôtre. Revenir par un couronnement, c'est-à-dire que tournant la lame, le poignet ne quittant pas le front, vous partez à fond.

Les avis se divisent sur la manière de prendre la prime:

Les uns prétendent que la prime se prend plus facilement en l'employant sans opposition de fer.

Il est à remarquer pourtant que si l'on prend la prime sans faire dévier le fer de l'adversaire, ce dernier peut très-bien profiter du jour qu'on lui laisse sous le fer, et, dans ce cas, il n'aurait qu'à baisser la pointe, tandis qu'en opposant le fer d'abord, on le dérange de la pointe au corps et l'on gagne le temps nécessaire pour le voir venir.

DIXIÈME LEÇON.

Parades simples au dérobé.

Nous avons parlé des coups au dérobé, nous allons démontrer leur utilité comme parade et riposte en même temps.

Etant engagé en dehors. — Main de quarte.

Le Maître dit à l'Élève :

Je change l'épée,
Vous changez l'épée et laissez tomber la pointe *ou* dérobez l'épée (c'est un contre-dégagement).
Je prends demi-cercle,
Parez demi-cercle et changez l'épée.
Je prends octave,
Montrez l'épée de quarte.
Je prends quarte,
Changez vite et dérobez l'épée.

LES CONTRES.

Cette partie étant généralement connue dans les salles régimentaires, je me bornerai à dire qu'ils sont divisés en contres-simples et en contres-doubles, en un mot, c'est un jeu des parades que l'on a employées dans les leçons.

Doubler et Dédoubler.

Les mots émanent tous du domaine des conventions, ainsi un doublement d'épée n'est autre chose qu'un contre; mais il s'appelle doublement lorsque dans le cours des leçons deux contres se suivent, ou lorsque les parades commencent par un contre.

Si elles commençaient par un simple et le contre après, ce serait, une, deux.

Si, commençant par le simple et le contre après,

elles finissaient par une simple, ce serait : une, deux, un tour d'épée.

Enfin, lorsque les parades finissent par un contre, ce contre ne s'appelle plus doublement, mais tour d'épée.

On appelle dédoublement, revenir sur ce que l'on a fait en doublant. Il ne faut jamais toucher le fer de l'adversaire dans les doublements et dédoublements.

On terminera la présente théorie par la leçon suivante :

Etant engagé en dedans.

Le maître double l'épée et dégage.
L'élève forme le contre de quarte.
Le maître dégage.
L'élève pare tierce.
Le maître double l'épée et dégage.
L'élève pare le contre de tierce.

Même répétition en dehors.

L'élève forme le contre de tierce, quarte et pare le contre de quarte.

L'élève étant affermi dans tous les principes,

Le Maître dira :
{
Tirez, une, deux dans les armes.
Tirez, une, deux, un tour d'épée.
Tirez, une, deux, un tour d'épée et dégagez.
Tirez, une, deux, un tour d'épée et doublez l'épée.
}

Même répétition en dehors.

En demi-cercle.
En octave.

Observations.

Il est entendu que le maître, par le placement de son épée, se prêtera aux mouvements qu'il voudra faire exécuter à l'élève.

NOTES SUPPLÉMENTAIRES

AUX COUPS ET PARADES.

Remise.

On appelle remise, lorsque, après avoir porté un coup droit, on se replie sur la jambe gauche, en levant la pointe du pied droit.

Dans cette position, on répète le même coup aussitôt que l'adversaire quitte le fer.

Reprise.

On appelle reprise lorsqu'on est corps à corps avec son adversaire.

Coupés.

On appelle coupés lorsque, étant engagé, soit en dedans, soit en dehors, on quitte le fer de son adversaire par la ligne la plus courte, en racourcissant l'avant-bras et que l'on riposte sur place ou en dégageant.

Il n'y a qu'à dégager pour parer et tromper ce coup.

Temps.

Les temps se prennent pour les individus qui font des feintes, soit en filant droit, soit en dégageant, soit en contre-passant.

Battements.

Les battements s'emploient pour déranger l'adversaire qui se tient sur la ligne; un battement filer droit; un, deux, id. filer droit; un, deux, id. dégager.

Par contre, si l'adversaire battait votre épée lorsque vous êtes engagé en quarte, prenez la main de tierce, sauf à prendre la main de quarte si elle est nécessaire à votre coup.

Cavements.

On entend par cavements, les coups que l'on porte à son adversaire lorsque, après avoir porté un coup ou une parade, il laisse le corps découvert, soit en haut, soit en bas.

Feinte de Seconde.

La feinte de seconde se porte de la manière suivante : étant engagé en dehors, main de quarte, vous tournez le poignet sans quitter l'épée de votre adversaire et revenez par un coup droit dans la partie haute. Ainsi, la feinte de seconde n'est autre chose que le coup droit que l'on porte, lorsque, étant engagé en tierce, vous appuyez légèrement sur le fer de votre adversaire en tournant un peu le poignet.

Engagements.

Les engagements servent pour faire partir votre adversaire ; à cet effet, on appuie légèrement sur son fer.

Celui qui attaque doit éviter de forcer l'épée de son adversaire.

Il n'en est pas de même de celui qui attend, il doit le chercher, c'est-à-dire le déranger de la pointe au corps.

Liements d'épée.

Les liements d'épée vous servent contre ceux qui vous tendent le bras.

Vous liez l'épée en tournant le fort autour de la pointe sans la quitter.

Etant engagé en dedans, en liant l'épée de votre adversaire vous visez la poitrine.

Etant engagé en dehors, ou tierce, en liant l'épée, vous visez le ventre.

Barrements.

Le barrement , communément appelé *flanconade* , n'est autre chose qu'un demi-liement d'épée.

Le barrement peut servir de feinte au tireur qui est leste et sûr de lui-même. Ainsi, il pourrait se découvrir un peu pour laisser beau jeu à l'adversaire, et, en parant près du corps, il tournerait la pointe vers la partie basse par le simple mouvement du poignet en prenant la main de tierce.

JEUX DÉCOMPOSÉS.

Les jeux décomposés devant être exécutés par les tireurs de première force , justifient de leur savoir :

Exemple.

Un tireur dit : Je file droit.

L'autre répond : Je pare par l'opposition du fer.

Le premier dit ; Je file droit.

Le deuxième répond : je pare par la parade simple.

En employant là la quarte allongée d'une main ferme, vous risquez de désarmer votre adversaire.

Le premier dit : Je file droit.

Le second répond : Je pare par le barrement.

Le premier dit : Je file droit.

Le second répond : Je pare par le dégagement.

Le premier dit : Je file droit.

Le second répond : Je pare et lie l'épée.

Le premier dit : *Je file droit.*

Le second répond : *Je pare et prends prime.*

Toutes les parades étant épuisées, le premier devient le second et l'on répète la même chose.

Ce jeu se continue ainsi jusqu'à la parade de contre de prime.

AVIS IMPORTANT.

1° Le bon tireur ne doit avoir qu'un côté à défendre, dès la mise en garde, c'est-à-dire, que s'il est attaqué, il puisse se rendre compte qu'il ne peut l'être que de tel ou tel autre côté.

Ainsi, étant engagé en quarte, il doit se dire par la position de l'épée que son côté gauche est couvert et que ce n'est que sur le côté droit que l'adversaire peut arriver, à moins d'employer une, deux, ou tout autre coup qui dirigerait l'épée du côté gauche.

2° Il ne faut jamais tendre la main qu'à coup sûr.

3° Quoique les parades simples soient les meilleures, on peut employer, contre tous les coups, la parade que l'on voudra, mais en sachant au préalable connaître l'avantage qu'elle peut vous procurer dans la riposte.

4° Il ne faut jamais se laisser gagner l'épée à moins de profiter d'un temps, sinon rompre en engageant.

5° Les points de retraite les plus dangereux, l'épée à la main, sont pour l'homme qui rompt et qui vous fait marcher.

Si le coup droit ou un dégagement n'est pas applicable dans une pareille circonstance, vous portez alors tout votre corps sur la jambe droite, en laissant échapper aussitôt la partie gauche en arrière et, posant la main gauche à terre, vous tendez le droit de toute sa longueur. Si votre adversaire arrivait à temps à la parade, vous vous relevriez en prime et par un couronnement vous couperiez sur quarte ou par un liement d'épée en main tierce.

6° Il faut toujours parer près du corps.

7° Chaque changement d'épée a son temps ; c'est pour cela qu'il faut éviter l'arc du cercle.

8° Nous avons dit que la parade simple était la meilleure, parce qu'elle vous laisse toujours en ligne, tandis que le contre vous oblige à quitter cette ligne.

Aussi est-il très-imprudent d'employer le contre deux fois de suite.

Du reste cette parade est celle que l'on emploie toutes les fois que l'on ne sent plus le fer de l'adversaire, c'est alors que l'on a recours au contre, autrement dit, aux deux lignes entre lesquelles se trouve le fer de votre adversaire.

En principe, il faut toujours employer le contre après la parade simple, ou bien *vice versâ*, sans quoi vous pourriez être désavantageusement trompé.

9° Une, deux, pris comme coup isolé n'en est pas un, par la raison toute simple que si vous prenez le contre au premier dégagement, vous ramenez le fer de votre adversaire à la position première.

Une, deux ne peut avoir lieu qu'autant que vous prendrez la parade simple au premier dégagement. Aussi on peut tirer une, deux, trois, quatre, etc., mais il faut pour cela que l'adversaire prenne la parade simple, s'il prend le contre, il dérange ainsi la série de vos dégagements.

10° Les casse-cous sont des vols : Ils consissent à se coucher en tendant le bras.

En salle, les coups ne sont bien portés qu'autant qu'ils atteignent la partie couverte. Il n'en est pas de même sur le terrain : tous les coups sont bons.

Tirer le mur.

On appelle tirer le mur, l'ouverture des armes.

L'ouverture des armes produit beaucoup le mérite des tireurs.

Dès le premier mouvement, la grâce, la prestance et le savoir en fait d'armes, vous mettent à même d'apprécier cet art et d'estimer quiconque s'adonne à son étude.

Il y a différentes manières de tirer le mur : mais toutes commencent par le même mouvement et ont le même but.

Plastron.

On ne reconneit pas assez l'utilité du plastron.

Aussi l'ignorance de cette partie se fait-elle sentir chez tons les individus qui ne la pratiquent pas.

Le plastron est fait pour délier le poignet et faire viser juste. Il en faut toujours un ou deux dans les sailes pour exercer les élèves qui ne sont pas occupés.

Procédé pour connaître une lame.

Appuyez légèrement la pointe du fleuret contre terre en la tournant. Si la pointe s'arrondit sans difficulté, c'est une preuve que la lame est bonne.

Vous appuyez ensuite la lame entre les pouces et les premiers doigts, en la parcourant ainsi du bas en haut. Si aucune tare ne se produit sous la pression de vos doigts, vous aurez alors la dernière preuve de la bonté que vous cherchez.

Préparation de la lame.

On prépare une lame en l'enduisant légèrement de graisse et en la présentant à la chaleur du feu.

Vous passez ensuite un morceau d'étoffe sur la lame

et la laissez suspendue pendant quelques jours aux parois de la salle avant de vous en servir.

La Contre-Pointe.

Cette arme étant d'un jeu très-facile, dans tous les mouvements de l'escrime, un tireur de pointe de première force ne mettra guère plus de quinze jours pour la conaître à fond et savoir en tirer un double avantage par la connaissance de la pointe.

AUX MAITRES ET PRÉVOTS DE POINTE.

Les maîtres et prévots joindront l'exemple au principe en se tenant toujours en ligne, c'est-à-dire, en se découvrant à peine toutes les fois qu'ils voudront que les élèves les touchent.

Ils exerceront autant que possible les élèves à l'épée forte ou double, et ne leur donneront une lame plus légère qu'à la huitième leçon.

Ils veilleront à ce que les élèves ne fassent d'assaut avant d'avoir la main bien sûre et bien exercée. Souvent le caprice des élèves l'emporte sur le talent ; ils ne veulent que toucher : de là les mauvaises habitudes qui proviennent des jeux exclus de tout principe d'escrime.

Ils laisseront au jugement de l'élève à faire le choix de telle ou telle autre parade. — Une fois que leur instruction sera achevée, ils les questionneront sur l'emploi des feintes dont cet art est composé : Feinte de départ, feinte de dégagement, etc., etc.

Ils leur demanderont quels coups on peut porter, étant engagé en dedans — main de tierce ; et quelles sont les ressources du dégagement employé comme parade.

SALLE D'ARMES.

Règlement.

L'honneur dû aux armes nous commande le respect envers tous et une obéissance sans bornes envers nos chefs.

ARTICLE 1er.

Il est expressément défendu de fumer ou de cracher dans la salle.

ART. 2.

L'entrée de la salle est interdite à tout homme pris de boisson.

ART. 3.

Les instructeurs doivent toujours exercer avec le masque. Défense expresse à qui que ce soit de faire des armes sans avoir le masque.

ART. 4.

Les instructeurs et les élèves doivent toujours être décoiffés.

ART. 5.

Aucun étranger ne doit être reçu sans l'autorisation de l'officier de salle.

ART. 6.

Aucun duel autorisé ne doit avoir lieu sans que l'officier de salle en soit prévenu.

ART. 7.

Défense aux tireurs de force égale de parler en s'exerçant entr'eux. Les poses seront de 8 à 10 minutes et jamais au-delà.

ART. 8.

Les instructeurs doivent avoir dans l'exercice de leur

emploi une veste de toile et une chaussure légère et dégagée, non compris le plastron et le gant.

Art. 9.

Il est défendu aux prévôts, ou tireurs de pointe de démontrer tout autre coup que ceux désignés dans la progression et de ne pas sortir de la leçon prescrite au tableau du jour, sans l'ordre du maître.

Art. 10.

Aucun coup d'invention ne doit être introduit dans le cours des leçons, sans l'approbation de l'officier de salle et du maître d'armes.

Art. 11.

Les coups de combat ne seront démontrés qu'en présence de l'officier de salle et à huis-clos; les maîtres et prévôts seuls étant présents.

Art. 12.

Le samedi étant consacré exclusivement à l'escrime, la matinée sera employée pour faire travailler les prévôts et faire quelques jeux entre les tireurs de première force.

L'après midi sera employée à la propreté de la salle, au nettoiement des armes et de tous les accessoires qui composent le matériel de la salle.

On profitera de ce temps pour mettre à jour le contrôle des élèves qui composent les trois classes.

Les assauts ne peuvent être autorisés que par le chef de corps, sur la demande de l'officier de salle.

L'OFFICIER DE SALLE,

Signé :

Approuvé :

LE COLONEL, commandant le (N°   ) Régiment.

ᶜ RÉGIMENT D

SALLE D'ARMES.

INVENTAIRE des Effets composant le Matériel de la salle du susdit Régiment.

DÉSIGNATION des OBJETS OU EFFETS.	NEUFS.	VIEUX.	TOTAL GÉNÉRAL.	OBSERVATIONS
Pommeaux............	12	7	19	La salle contient
Fusées............	10	4	14	en outre :
Coquilles ou Lunettes	7	3	10	10 Fleurets.
Lames............	17	5	22	5 Pommeaux.
Plastrons	6	2	8	2 Plastrons.
Gants	7	3	10	2 Gants, etc.
Masques	5	4	9	Appartenant au
Sandales.........	13	2	15	Maître d'armes.
Vestes.	7	2	9	
	84	32	116	

Paris, le   18   .

Signé : (Le Maître d'Armes).

Certifié le présent état, par l'Officier de salle, aux quantités ci-après,

SAVOIR :

Douze Pommeaux neufs.

Sept Pommeaux vieux, etc.

Vu : Le Major du Régiment,

METZ. — TYPOGRAPHIE MILITAIRE DE J. VERRONNAIS
Ruc des Jardins, 14.

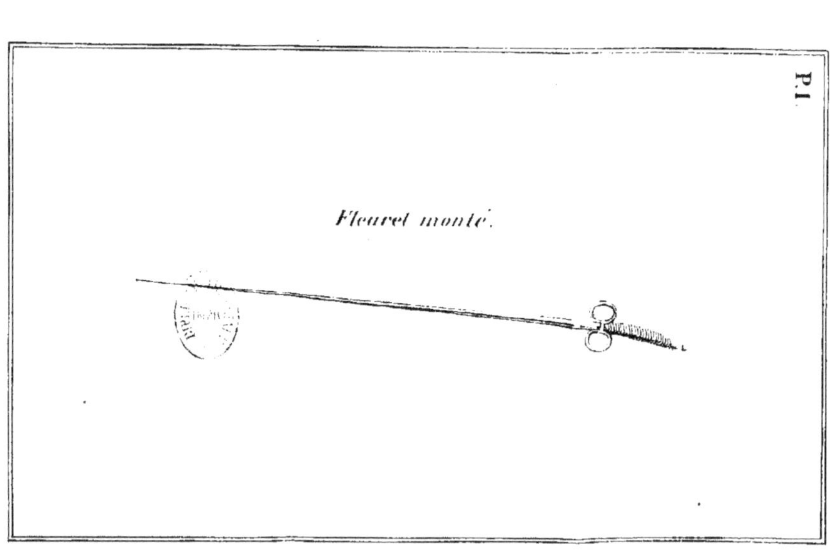

Fleuret monté.

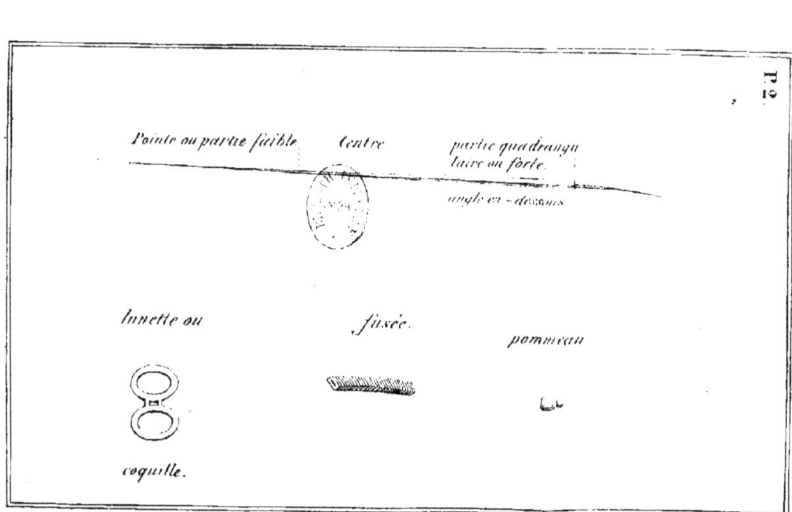
Pointe ou partie faible
Centre
partie quadrangu
laire ou forte.
angle en - dessous
lunette ou
fusée.
pommeau
coquille.

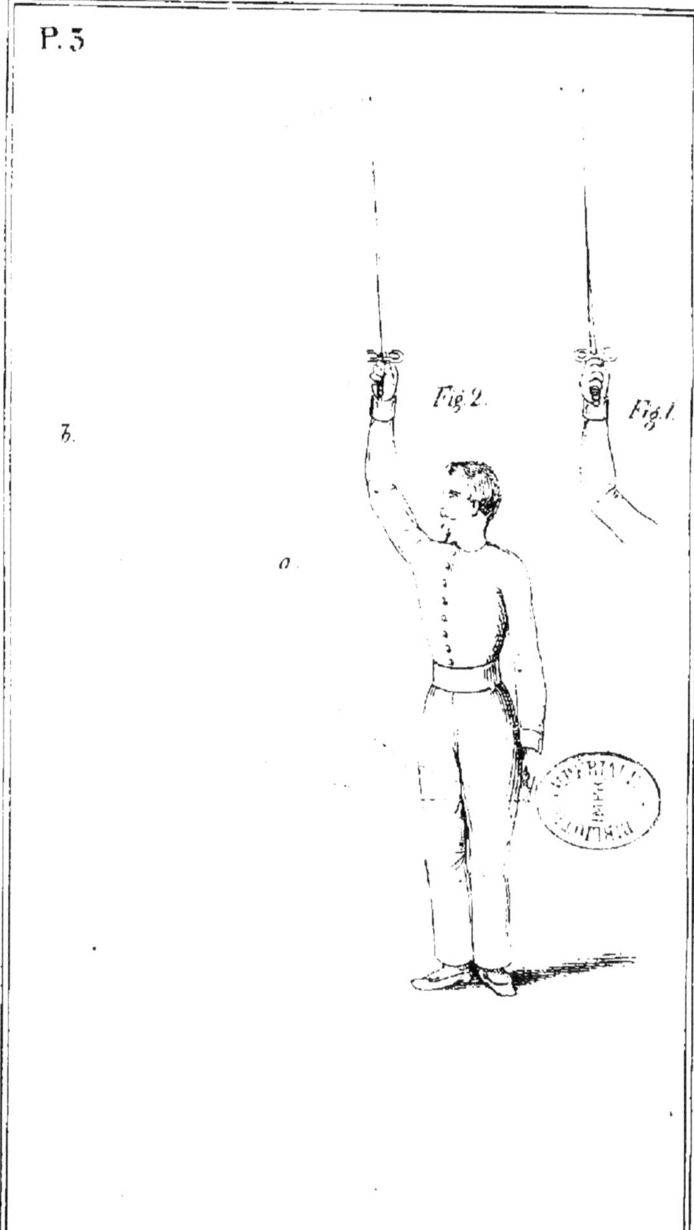

P. 5
Fig. 2.
Fig. 1.
b.
a.

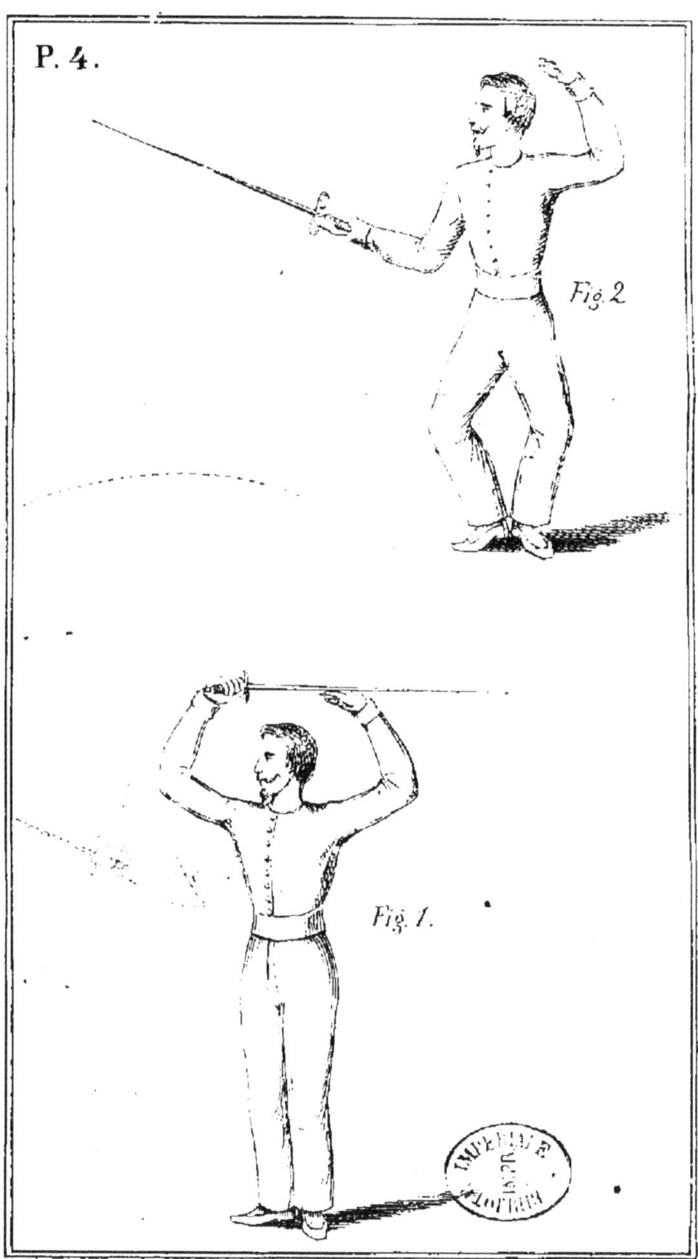

P. 4.
Fig. 2
Fig. 1.

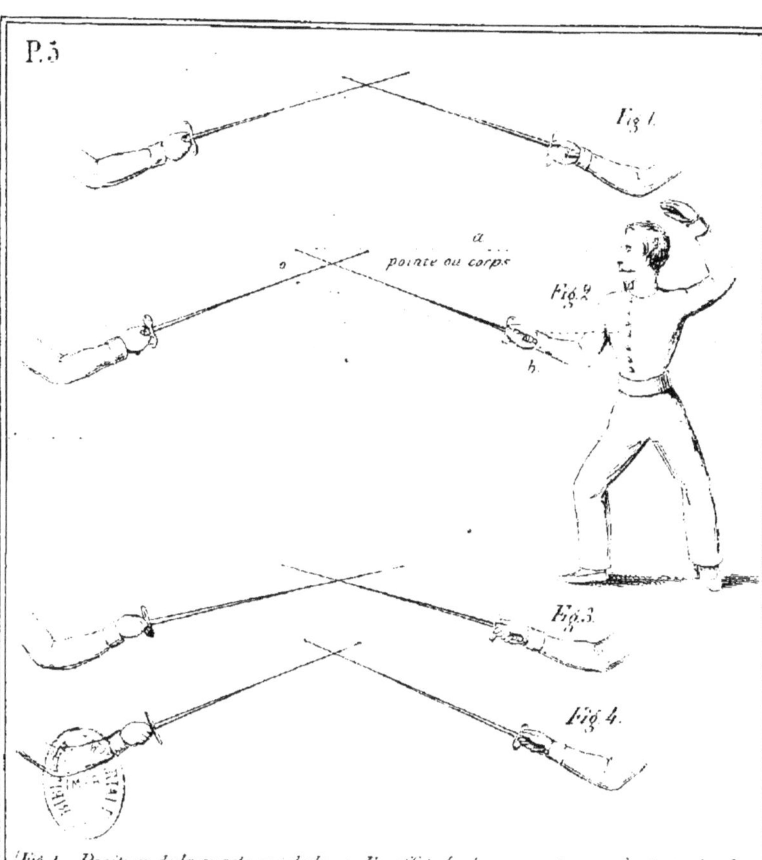

Fig. 1. Position de la quarte en-dedans. En effet les lames sont engagées toutes les deux du côté droit et les mains sont placées les ongles en dessus.

Fig. 2. Quarte en dehors, c'est à dire les mains étant les ongles en-dessus les lames sont engagées du côté gauche.

Fig. 3. Position de la Tierce en-dedans. Les lames étant engagées en dedans, les mains sont placées les ongles en-dessous.

Fig. 4. Tierce en dehors. Les lames étant engagées en-dehors, les mains sont placées id. id.

Fig. 2. La ligne pointillée petit a détermine la direction des lames aussitôt leur engagement savoir: Plombeau à hauteur du télon droit, bouton de la lame vis à vis l'œil droit de l'adversaire ce qui s'obtient en arrondissant le poignet voir petit b.

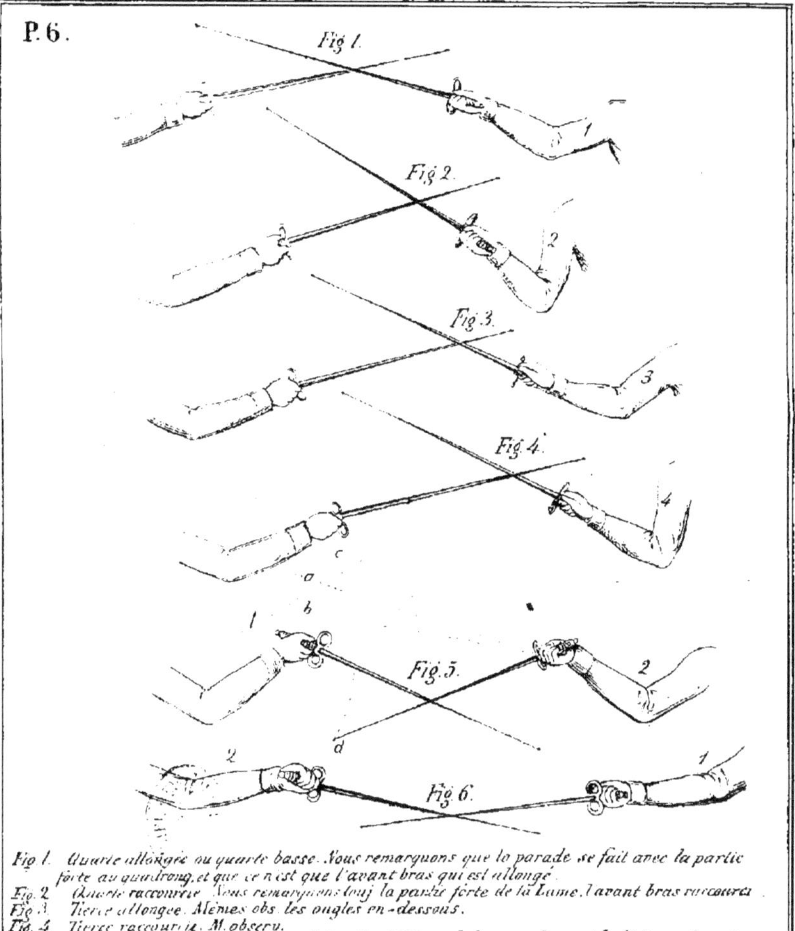

Fig. 1. Quarte allongée ou quarte basse. Nous remarquons que la parade se fait avec la partie forte au quadrong, et que ce n'est que l'avant bras qui est allongé.

Fig. 2. Quarte raccourcie. Nous remarquons touj. la partie forte de la Lame. l'avant bras raccourci.

Fig. 3. Tierce allongée. Mêmes obs. les ongles en-dessous.

Fig. 4. Tierce raccourcie. M. observ.

Fig. 5. ½ Cercle a est la ligne d'Engag.t b est la 1re ligne de la parade. c est la 2e ligne de cette même parade répetée. c d est la 3e Ligne, c'est dans ce ½ cercle que le 2 lames se rencontrent. En effet N.o 1 a dégagé N.o 2 oppose la parade simple b, n'ayant pas rencontré la lame il double cette parade c croyant entre les 2 lignes b c sentir la lame de son adversaire. Cela n'ayant pas lieu il a recours à la 3.e ligne c d. Le bras est raccourci.

Fig. 6. Octave. N.o 1. represente cette position — main de quarte — mais comme nous avons supprimé la parade de quinte. N.o 2 l'octave la remplacera en prenant la main de tierce. Le bras est allongé.

Parades de Prime.

Fig. 1. Etant engagé dans les armes, vous portez un coup en dedans. Votre adversaire pare et au moment où il veut riposter vous prenez en vous relevant la Parade de Prime. Plombeau au-dessus de l'œil gauche, les ongles vous ramènez à la riposte par un couronnement (voir la 9.° Leç.)

Fig. 2. Etant engagé en dehors je suppose que l'on porte un coup droit, le tireur representé par la fig. 2 pare en baissant legèrement sa Lame, mais il est à observer que cette parde vous ramène le Plombeau au-dessus de l'œil droit, et qu'il vous est trop difficile de riposter comme ci-dessus par cela même que la partie que vous viseriez se trouve autant couverte par vous que par votre adversaire. Libre aux amateurs d'apter. La 1.re offre l'avantage dans son emploi de se couvrir en se relevant car cette parade rencontre toutes les lignes.

Lignes du coup droit.

Le N.º 1 en tirant droit a coupé cette Ligne par une legère opposition à gauche, coup que le N.º 2 aurait pu parer par la parade simple. La position du N.º 1. le haut du corps un peu placé en avant est celle du départ, car une fois fendu, le corps doit être droit suivant la Ligne M, sinon on ne se releverait que difficilement. Nous remarquons que le coup etant porté, le plombeau remonte a hauteur de la Ligne des yeux, le poignet dans ce cas par Ex. est légèrement incliné à gauche et que le bouton est descendu de la Ligne des yeux au teton de l'adversaire.